광화문 아리아

광화문 아리아
시와실천 서정시선 042

초판 1쇄 발행 | 2020년 10월 30일

지 은 이 | 이둘임
펴 낸 이 | 장한라
엮 은 이 | 이어산
펴 낸 곳 | 시와 실천
등록번호 | 제2018-000042호
등록일자 | 2018년 11월 27일
편 집 실 | 서울특별시 종로구 율곡로 6길 36 (계간 시와편견)
디자인실장 | 이은솔
전   화 | 02) 766-4580, 010-3945-2245
제   주 | 63248 제주특별자치도 제주시 인다11길 28, 1층
전   화 | 064) 752-8727, 010-4549-8727
전자우편 | 11poem88@hanmail.net
편집·인쇄 | 도서출판 시와실천

ISBN 979-11-90137-46-1 03810

값 10,000원

* 이 책은 전부 또는 일부 내용을 재사용하려면 저작권자와 '시와 실천'의 동의를 받아야 합니다.
* 이 도서의 국립중앙도서관 출판시도서목록(CIP)은 서지정보유통지원시스템 홈페이지(http://seoji.nl.go.kr)와 국가자료공동목록시스템(http://www.nl.go.kr/kolisnet)에서 이용하실 수 있습니다. (CIP제어번호 : CIP2020044704)

광화문 아리아

이둘임 시집

※ 본문에서 페이지가 바뀌며 연 구분 공간이 있을 때에는 〈 표기를 합니다.

■ 시인의 말

삼십 여년

대사관으로 출근하는 동안

손 뻗으면 닿을 거리에서

나를 바라보던 북악산과 광화문은

발걸음에 힘을 실어주었다.

언제나 저곳에는

작고 여린 시의 꽃들이

환대해 줄 것 같다.

2020년 가을

이둘임

■ 차 례

1부, 목소리가 광장을 달군다

광화문의 봄 - 17
목어木漁 - 18
봄 캐럴 - 19
광화문 광장에서 - 20
길상사에 가면 - 22
평화로운 겨울 강 - 24
찬란한 달의 비애 - 26
소환된 기억 - 28
계절이 지나가도 - 29
어쩌나 봄봄 - 30
흔적 - 32
시인과 닿소리와 홀소리 - 34
혜안慧眼 - 35
서촌, 멈춘 시간과 데이트 - 36
3월 어린 봄 - 38
씨간장 - 40

2부, 북악산 검푸른 모습

광화문의 여름 - 43
집시가 된 낙타 - 44
삶의 지표 - 46
질긴 생명 개망초꽃 - 48
오이지 - 49
여름밤의 가스파르 - 50

사라져가는 골목길 - 52

어머니의 손 - 53

멸치 예찬 - 54

새치와 백발 - 55

아버지 - 56

어머니의 밥 타령 - 58

꽃피던 시절이 있었지 - 59

숲, 어머니 닮은 - 60

4월의 노래 - 61

제비꽃 - 62

욕망의 굴레 - 63

3부, 갈바람에 남루 갈아입으니

화전花煎 - 67

엄숙했으리 - 68

광화문의 가을 - 70

숨 막히는 푸른 날 - 71

은방울꽃 - 72

폭염도 잠시 - 73

연鳶의 꿈 - 74

맥문동 - 76

눅눅하다 - 77

다시 설렘 - 78

소금꽃 - 79

백일 간 사랑할까 - 80

초여름의 변變 - 81

아리수의 꿈 - 82
고추잠자리 - 83
가을 속으로 - 84
황국의 독백 - 85

4부, 구세군 빨간 냄비 열기가 피어나던 저녁

서리꽃 필 때 - 89
첫눈 - 90
대나무 숲 - 92
광화문의 겨울 - 93
성에꽃 - 94
해탈 - 95
까치밥 - 96
겨울숲 - 97
봉선화 물들이며 - 98
겨울 한가운데에서 - 99
시상을 낚다 - 100
홍매화의 고백 - 101
잘 어우러져야 - 102
꽃샘잎샘 - 104
겸손해야 너를 접한다 - 106

■ 해설 / 이어산(시인, 문학평론가) - 107

1부

목소리가 광장을 달군다

광화문의 봄

계절은 다시 다가왔다
만물은 소생하며 설렘으로
거리도 활기찬데

목소리가 큰 사람이 이길까
어느 계절보다 뜨거운 봄
목소리가 광장을 달군다

하루가 멀다하고
아침이면 흘러나오는 운동가요
길거리를 횡횡하며
민의 목소리는 끓어 넘쳤다

소통 부족으로
바람은 우왕좌왕 하며 풍향계는
종잡을 수 없다

세종대왕님
이순신 장군님
제발 좀 들어 주세요

목어 木漁

수타사 水墮寺 흥회루 興懷樓에
늙은 물고기 한 마리 살고 있다
무표정 얼굴
속 빈 강정처럼 뱃속은 비운 채
실속 없어 보이는데

여의주를 물고
용으로 해탈하는 날
바다로 가리라 다짐하며
밤낮없이 눈을 부릅뜨고 허공에서 수행 중이다

험한 상이라 똑바로 바라볼 수 없어
눈을 흘겨 바라보니
목어가 큰 눈 껌벅이며 죽비소리를 낸다

제발 깨어있어라
유혹에 빠지지 말라
나태하지 말라
아미타불이 환생하여 설교하듯

봄 캐럴

강변 홍매화가 화들짝 깨어나고
산수유 노랑 별 불을 밝혔는지
바람이 달라지고
세상이 변한 듯

눈으로 느껴 보고 싶어
들러본 재래시장
쑥과 냉이가 기다리고 있었는데
얼어붙은 땅바닥에 기대어 살아온 끈질긴 생명들

저녁 찬거리로 모셔 와
쑥국과 냉이 나물로 저녁상에 올렸더니
젓가락이 춤추고
봄을 술술 마시더니 취했는지
내 식구 얼굴이 화사해

봄이 희롱했을까
아니 봄은 화사해
따사로운 햇살 상큼한 봄바람 부는
화창한 봄날이 눈앞에 아련아련

광화문 광장에서

바람이 불면
사막 광장에는
고비에서
사하라에서
삼삼오오 낙타가 모여드는데

먼 길 오느라
목마른 낙타
물을 달라
오아시스 찾아 달라
황량한 사막으로 다시 가지 않겠다며 외친다

때로는
광장 바람이 길을 잃어
낙타들은 우왕좌왕하며
회오리바람이 불까
경계하는데

풍향이 바뀌어도

바람 방패막이 자처하며
찾아오는 낙타들
변덕이는 바람
멈추지 않아
사막 광장은 만원이다

길상사에 가면

자야를 만나고
백석을 만나고

맑은 향기 흐르는 삼각산 골짜기
성북동 길상사에
이루지 못한 사랑을 그리다가
별이 된 여인이 있다

기생으로 살다 요정의 주인으로
평생 그를 그리다가
백석문학상을 만들고
천억을 기부하며
"그의 詩 한 줄보다 못하다" 라던

나타샤는
하얀 눈 내리는 날
백석을 만나러
흰 당나귀를 타고 떠났다는데
〈

흠모한 마음
붉은 꽃잎 갈래갈래 담아
앞마당에 핀 상사화
꽃처럼 세상을 살다간
한 사람 생이 함초롬히 앉아있다

평화로운 겨울 강
–다산생태공원에서

잔잔한 물결
빗방울 간간히 내리는 아침
산 그림자 드리워진
수묵화 한 폭 펼쳐 반긴다

여울목에서 밀려오는 물안개
뿌옇게 펼치는 춤사위로
점점 좁혀지는 시야
고요한 상념 속으로 빠져들어

강가에서 만난
쪽배 앉아 세월 낚는 여유당 주인
심서 속에 담은
애민 정신
수 백 년이 흘러도 귀감이 되고

서리 앉은 풀숲에서
포르르
철새 한마리 날아

스치는 바람 따라 일렁이는 마음

강나루 따라 피어난 갈대
유유히 흐르는 강물은
평화롭기만 한데

찬란한 달의 비애

따스한 봄날
담벼락에 기대어 미풍과 노닐며
미소 짓던 일상도
흩날리는 꽃잎도 야속합니다

인간의 이기심으로
시름 앓던 자연
변종이 된 붉은 바이러스 습격
시간이 멈춘 2020년 4월
무기력하기만 한데

눈부시게 아름다운 날
눈물지으며 바라만 보아야 하는 가혹함
악몽이길
시간의 산맥을 넘어 되돌리기에
너무 멀기만 합니다

시간은 뚜벅뚜벅 제 길 가겠지만
행복 바이러스 넘치는

초록빛 가득한
밝고 푸른 날 그려봅니다
사월은 왜 잔인한 달이 되었는지

소환된 기억

혁명의 불꽃 피어나던 그날*
최루탄 연기 피어나고
태양극장 다리 위 모여든 푸른 인파

밀고 밀리며 외치던 함성 하늘을 찌르고
버스에 갇혀 바라보며 마음 움찔했던 여고생
매캐한 눈물짓던

명절이면 관람객 홍수를 이루더니
극장은 물 따라 떠나갔다는데
혁명의 태양은 잠재웠는지

그 도시를 떠나 잊혀간
내 푸른 시절 기억
그녀* 유고 시집에서 소환된 태양극장 버스 정류소
누군가가 나를 기다릴 듯한.

*그날 : 1979 부마민주항쟁
*그녀 : 고 박서영 시인
(유고시집: 연인들은 부지런히 서로를 잊으리라)

계절이 지나가도
−COVID-19 붉은 바이러스

즐겁게 춤추다가
그대로 멈추어야 하는데
두루뭉술 엉거주춤
붉은 공은 오뚜기를 닮았어요

당신은 어릿광대
울지도 말고 웃지도 말고
멈춤멈춤
움직이지 말아요

겨울에는 봄이 오길
봄에는 여름이 오길 기다리며
한 계절
두 계절이 지나가도
시간만 삼키는 붉은 공

희망은 아직 먼 곳에 있는지
귀뚜라미 찌르르미 절규하는 밤
서글퍼지는 어릿광대
다가가 귀 기울어 보는데

어쩌나 봄봄

두둑이 두꺼워진 눈꺼풀
풀지 않으려 두 눈 꼭 감았다
모든 욕심 내려놓고 동면 즐기며
나락으로 떨어질듯
꿈속 노곤히 화사한 복사꽃 향기에 취하니

내 몸이 아닌 듯
늘어져 몸부림치다
멀리서 점점 가까워지는 웅성거림에
화들짝 놀라 몽롱한 정신 흔들어 보니
바깥은 한바탕 소란이 날듯하다

하얀지 까만지
빛 따라 실눈으로 바라보니
노크 없이 햇살이 밀고 들어온다
성큼성큼 소스라치게
와락와락 금방 물 터질 듯

좀 더 자야 하는데

좀 더 자고 싶은데
막무가내 틈으로 들어오는 얄궂은 바람
가슴을 파고들고
어쩌나 어쩌나 봄 봄이야

흔적

젊은 그녀 콧대가 어지간했던지
자존심 세우듯 굽이 높은
하이힐만 신었다

불편함에 알량했던 자존심
무릎을 꿇고
굽 높이 점점 낮아지더니

삶의 굽이에 발버둥 쳤는지
구두 뒷굽은
한쪽으로 기울어지고
꼿꼿하던 모습 때로는 뒤뚱거렸다

하얀 세월을 이고 있는 그녀
굽 낮은 플랫슈즈로 내민 발
편안함이 묻어나는데

달린 세월만큼
거친 말발굽이 된 발

족적에 새겨진 굽이 친 삶의 흔적
미련 한 점
연민 한 점

시인과 닿소리와 홀소리

사람이 하늘과 땅을 품고 탄생되어
어리석어도 열흘이면 배울 수 있다는 문자
가갸날 언어 공간에서
언어와 문자가 공격한다

마음을 두드리지만
그들 운명은
내 손안에서 쉽게 내어주지 않아

닿소리와 홀소리를 엮어
바로 배열해보고
거꾸로 나열해 보는데
고집 센 나귀처럼 말을 듣지 않는다

고삐를 쥐고 부드럽게 달래어 보지만
언제쯤 눈을 뜨고
언어 살덩이를 소유할 수 있을까

텅 빈 공간 닿소리와 홀소리는
춤추고 있는데
잡힐 듯 잡히지 않는

혜안慧眼

일찍 눈을 떴다면
렌즈 속 세상은 다른 모습일 텐데
밝은 눈도 자기 코는
볼 수 없지만

흐릿한 동태눈처럼
콩깍지가 씌어 보는 것만 믿고
좋은 것만 보려고 쫓아다닌 세상
흔들리는 꽃만 쫓았다

보이는 것이 전부가 아닌
나를 바로 바라볼 수 있는
명경 같은 눈이라면
안경 따위 필요 없는 것을

가자미눈이라도
통찰하는 눈을 가졌다면
모르는 이 그늘의 무게도 알 수 있을까
눈은 저울이라는데

서촌, 멈춘 시간과 데이트

안개 낀 아침 청운동 성곽길
시인의 언덕에 올라서니
반기는 윤동주의 서시 비
멀리 발아래 초록 물결 일렁이는 도심

서시가 발걸음 따라 함께 걷는 자락길
민들레 하얀 오로라 되어 피어오르고
아름다운 수성 계곡
물소리 사라졌으나
선인들 화폭에 담긴 얼굴

계곡 골짜기 아래 빨간 벽돌집
윤동주의 젊음이 남아있는 하숙집
하늘과 바람과 별 헤는 밤
몇 밤이나 보냈을까
고뇌에 찬 젊은 밤

옥인동을 벗어나면
몇십 년 멈춰버린 실핏줄의 서촌 골목길

아직 날지 못한 주인 잃은 날개
꿈이 머물러 있는 이상의 집
푯말이 수줍다

시간을 되돌려 윤동주와 이상과
하루를 거닌 서촌
수많은 어제가 지층으로 쌓여 앉아
결을 이루고 있는

3월 어린 봄

콧잔등 빨갛게
시린 얼굴 마주하며
아장아장 걸음마로 다가왔다

시샘하는 바람 짧은 햇살
애간장 녹이며
쉴 틈 없이 여기저기 나뭇가지 꽃눈 틔우며
삼라만상 겨울잠 깨워주었다

해님이 남에서 북으로 올라와
강남 갔던 제비
봄 몰이하며 따라오니
부뚜막에 고양이 노곤히 졸고 있고

순풍에 돛단 듯 햇살 자라나니
낮과 밤 사이좋게 나누어 가지고
때맞추어 소리 없이 내리는 봄비
생글생글 설렘 안겨 주었다
〈

지지배배 종달새 찾아온 뜰
어느새 나부끼던 꽃잎
별 따라나서는 길
이제 막 싹트는 사랑 어찌하나요

씨간장

해마다 초봄에 담근 새장
간장독에 붙은 나이 알 수 없는
간장씨와 연을 맺고 합가하는데

초여름 새장이 새록새록 익어가며
바람결에 장 냄새 월담하면
항아리 속 세상은 어린 며느리 자라듯
성숙해져 갔다

묵을수록 깊어가는 장맛
며느리 애끓이며 숯검정 된 마음이 녹아
진한 맛으로 거듭나고
곰삭은 세월만큼 건강을 담았다

할머니의 할머니
오래된 여인들 시간이 쌓여있는 향기
장 꽃을 피우고
집안 내력 면면히 이어온
반짝이는 보석

2부

북악산 검푸른 모습

광화문의 여름

그때* 세종로 중앙분리대 가로수는
무장하여 일렬로 꼿꼿이 서
사열 중이었다

사시사철 하늘을 찌르듯 두 팔을 벌리고
도열해 한결같이 로그인되어
눈빛은 한쪽만 바라보았다

광장의 등장으로 인도로 밀려나
기세등등했던 권위는 사라지고
민초들이 성숙하듯
은행나무는 다시 뿌리 내리며
우람한 체격으로 무성해져 갔다

시민에게 돌아온 육조거리
잔디는 생기가 돌고
보이지 않는 역사에 아고라 정신이 쌓여도
북악산 검푸른 모습은 아직도 근엄한데

*1986년

집시가 된 낙타

뜨거웠던 태양 아래
끝없이 펼쳐진 모래사막
열대의 밤하늘
별 따라서 이동했던 먼 길 여행

별을 찾아 떠났던 그들
블랙홀 역 대합실에서 행성을 이탈하고
배회하는 오래된 늙은 낙타를 만나
집시가 되더니

지친 마음 내려놓고
다시는 사막으로 가지 않겠다고
다짐한 듯
멀리 사막에 두고 온 가족 따윈
접은 지 오래인 듯하다

바람이 지나는
서울역 환승 주차장
긴 의자에 누워있는 낙타

환승객 미간이 찡그려질 뿐
체면은 오래된 사치라
세상 편한 모습으로

이 밤도 어느 행성
보이지 않는 별 찾는 꿈꾸고 있는지

삶의 지표

종가의 덕성이 몸에 배어
궂은일에도 아무런 내색 없이
언제나 앞장서서 맞이하며
정신적 인지로 이끄셨던 어머니

주름살 속 희로애락 함박꽃처럼 피어나
온화한 미소 가득하더니
지난날 쓰디쓴 삶의 고뇌
홀로 삼키셨을까

한 평생 살림살이 자식 걱정
무거운 삶의 무게
허리는 낫처럼 휘어지고
기억력과 지력이 치매로 잊히네

선한 눈길
고운 음성
따뜻한 사랑
이제 고스란히 나누어 드리리다

〈
밝은 햇살 되어
오래오래 비춰 주소서
사랑합니다
나의 어머니!

질긴 생명 개망초꽃

내리쬐는 볕 아랑곳없이
밤톨 머리 아이들 한 무리
바람을 잡고 까르르 소란하다

망국의 혼돈 속 붙여진 주홍 글씨
수치심에 지낸 하얀 세월
벗어나려 애쓰다가
초연해졌나

미련 남은 희망 쫓아
민초들이 사는 어디라도 달려가
따스한 눈길 교감하고

짓밟힐수록 시련 견디며
반도 지천에 뿌리 내려 피운 꽃
웃음이 쏟아진다
저 길섶 끝없이

오이지

몇 며칠 비가 내리면
채소들이 생채기 앓는다며
장마 전
밑반찬 준비에 분주하셨던 어머니
냉장고도 없고
먹거리 귀한 시절
여름은 늘 짭짤한 찬이었다
땀으로 목욕하고 후덥지근한 날
찬물에 밥 말아
짭조름한 오이지무침
아싹아싹 씹었던 즐거움
식감 속 쪼그려지고 투박한 어머니 손이
맛으로 살아나던

여름밤의 가스파르

관객으로 초대받은
별들이 모여들면
일제히 전주곡이 울려 퍼진다
우듬지 매미로 시작되는
환생의 기쁨에서 짧은 생의 송가까지

밤이 이슥해지자
낮은 곳 풀벌레들 어둠을 향해
일제히 음률을 내기 시작한다
숨죽였던 낮보다 대담하게

깊어가는 합창 소리
계절의 전령사 귀뚜라미는 화음에
색을 입혀 합세한다

귀뚤귀뚤 찌르찌르
쯔쯔쯔쯔 찌이찌이

조율되지 않은 끝없는 멜로디

몸을 비비는 아픔으로 서로 밀고 당기는 화음
여름밤 풀벌레들의 대연주회
밤의 가스파르

사라져가는 골목길

담장과 담장 사이
도란도란 이야기 소리
달려가던 골목길
밤이 오면 달님이 내려와
함께 놀아주던

그을린 굴뚝 허기진 모습하고
팽겨쳐진 살림살이
별을 헤던 마당에 산을 이루는데
인적 사라진 부서진 대문 앞
길양이 서너 마리 냉기어린 표정으로 서성인다

여기저기 붉게 쓰진 "빈집"
나부끼는 투쟁의 깃발
빈집과 깃발이 으르렁거려
싸늘한 바람이 방황하며 스쳐간다

길 건너 복덕방에 쉼없이 반짝이는 네온사인
복부인 손짓하듯 유혹하고
함지기 들이닥친 어느 날
왁자지껄 했던 골목 달랑달랑 떠나가네요

어머니의 손

새벽마다 합장하며 모으시던 손
바쁜철이 오면
천개라도 모자란다고
일손 때문에 동동 그러셨는데

스스로 힘들게 하던
손수 하시던 자부심
애처로움에 손이라도 보태겠다고 하면
손사래 치셨다

당신 여린 손가락 하나
아프다는 하소연에
열 손가락 아프지 않은 곳 없다며
말없이 달려와 손잡아 주시더니

이제는 힘 빠진 하얀 손
마디마다 새겨 있을 고뇌
골이 진 손등 골짜기 어디쯤 남아있을
애간장 끓이던 내 흔적 튀어나올 듯한데

멸치 예찬

남해산 멸치가 왔다
상자에 갇힌 잔멸치 풀어 헤치니
물결이 보인다

바다 숲에서 물결 헤치며
오랫동안 삭힌 슬픔 빛으로 토했을까
죽어서 발하는 은빛 물결

태생의 원죄로 업신여김 받아
멸하지 않으리라
뼛속 깊이 다짐한 바보 멸치

살아서 하찮은 존재
죽어서 알찬 빛으로
뼈조차 사랑받는

새치와 백발

모호한 새치와 백발의 경계
세 치 혀가 잔꾀를 부리며
입발림 아부에
백발은 늘 천대받았다

시간이 지날수록
백발 세력에 약해진 새치
새치와 백발 구분이 사라지더니
마침내
새치는 힘을 잃고
백발이 승리했지만

카멜레온 등장으로
새치와 백발은 함구 중이다

아버지

푸른 물결 넘실대는
따뜻한 남쪽 내 고향

자신감에 충만한 초롱한 눈빛
자유로운 영혼으로
소녀는 꿈을 꿀 수 있었습니다

호기심 가득한 소녀, 꿈을 키운 의지도
유년시절 보여주신 당당함
그분이 계셨기에
힘차게 꿈을 키우며 나아 갈 수 있었습니다

떠나시던 날
태산 같은 등 돌리고 앉아
어딘가 응시하고 계시던 마지막 모습
꿈속에도 속울음 삼키시며
나약한 모습 감추셨나요

북망산천 어디선가 쳐다보고 계실까

그리움은 알알이 싸여만 가는데

남쪽 하늘 바라보며
시린 가슴 달래며 불러보아도
대답 없는 메아리
사랑하는 사람이여

어머니의 밥 타령

하얀 밥 꽃이 필 때면
어머니
그립습니다
밥은 당신 마음이었지요

사람은 밥값 해야 한다 하신 어머니
타지로 가는 저희에게
밥 잘 챙겨 먹으라시며 눈물 훔치시며
연약한 동생에게
작아도 밥그릇 큰 사람이 되라고
다독이셨지요

밥벌이가 실해져
밥을 나눌 때면 마음 주고받은 밥이라
밥심이 뚝심이 되고
햇볕이 되었습니다

따스한 봄날 밥 꽃 나부끼는
가로수 길에
어머니 밥 타령이 들어옵니다
밥은 먹고 지내냐

꽃피던 시절이 있었지

자신만만했던
내 삶의 가파른 시간에도
마음 밭 일구며 피웠던 꽃불

목련만큼 환하게
복사꽃처럼 붉게
순수하게 피었던 것들
굳은 의지 하늘로 치솟고
날아보려 비상 꿈꾸었는데

어느새
날개 잃은 새
정열은 날다가 녹아
흔적 없이 사라져 갔지만
빛바랜 추억 가슴에 묻었네

한번 지고 나면
필 수 없는 얄궂은 사람 꽃
꽃피던 그 따스했던 봄날 어디로 갔는지
서러워라 낙화하는 꽃잎이

숲, 어머니 닮은

푸른 숲 맑은
향기로 목욕하고
오솔길 따라
지저귀는 새소리
지나가는 바람 소리 가슴 다독여

나무 풀 꽃 자연의 대화가
새록새록 귓바퀴에 감겨
어느새 가지런해진 마음

어지럽게 뒤엉킨
속마음 풀어주더니
세상 시름 가지에 매달아 휘청이는 나무

늘어진 곁가지 꺾이고 흠집이 나도
팔을 뻗어 나아가는 열정은
푸근한 어머니의 품
언제나 나를 기다리는

4월의 노래

지난 가을 슬그머니 떠나며
연초록 바람결에 다시 오마 하신 임
밤마다 밤마다
그리움에 목이 매였습니다

이토록 화사한 봄볕 등에 업고
돌아오신 임
애틋했던 마음 뒤로하고
사랑이 두둥실 피어납니다

다시 태어나는 세상의 만물
나지막이 손짓하는
화려한 꽃들의 향연
세상에 부러울 것 없습니다

연둣빛 새잎마다
가슴 헤쳐 햇살 가득 머금고
내 맘의 봄도 초록빛 물들이며
곱게 익어갑니다

제비꽃

보이지 않았을 뿐이다
겨우내 낯선 곳에서 묵묵히 뿌리 내리며
불면의 밤도 품을 수 있는
순진한 사랑

말없이 애타게 기다린
제비 돌아온다는 소식에
말쑥한 얼굴 당당하게
내미는 의지

앉은뱅이꽃
행여 스쳐 지나갈까
보랏빛 깃발 흔들며
발끝 세워
하늘 향해 아우성이다

온갖 꽃들이 만발하여도
손 내밀지 않고 혼자서 피어난
저 소박한 억척녀
목련 벚꽃 위세에도 굴하지 않는

욕망의 굴레

무르익은 봄
초록 바다를 삼킬 듯
쭉쭉 뻗어가는 나무

회색빛 콘크리트 사이
쉼터 자처하고
수수하고 정겨운 모습으로
높다란 키 뽐내지만

갑갑한 빌딩 숲에 사는 나무
바람막이
넉넉한 품 갖는 희망이
움츠려들까

오늘도 가지 뻗는 꿈꾸지만
도시에 사는 동안
위로만 향하는 굴레에 갇혀
허공만 바라봅니다

3부

갈바람에 남루 갈아입으니

화전 花煎

산허리 붉게 물들이는
두견화 돌아오면
허기진 배 꽃잎으로 채우고

꽃잎 따다 하얀 새알에 얼굴 만들어
향긋한 향기 품은 아씨 닮은
화전이 피어났다

꽃 지지미 멋스러워
눈은 즐거움에
입은 달콤한 사랑에 빠쳐 허우적대면

붉은 사랑으로 가슴 부풀어
입술은 붉게 물들고
봄은 활활 타오르고 있었다

엄숙했으리

세상을 향한
힘든 첫걸음마 내디디며
시작된 걸음
걸어가는 뚜벅이
매일 지상 여행을 한다

골목길로
탄탄대로로
가시 덤불길로
산으로 들로
미지의 길로

숭고한 운명의 길 따라
남겨진 발자국
걸음걸음
새겨놓은 다짐이 뒤틀려
비틀거려도

그곳으로 향하여 다가간 걸음

엄숙했으리
어떤 죽음이던
얼룩진 발자국에
떨어지지 않았을 마지막 걸음도

광화문의 가을
―북악산에 가을이 찾아오면

여름을 견디어 낸 품 큰 사내
새벽안개 걷어차고
아침 여는 발걸음 소리에
광화문이 깨어나면

밤새 숨죽였던 빌딩 숲에는
기어오르고 뛰어넘는 다람쥐들
숨 가쁜 하루를 맞이하고

변함없이 늘 한 자리에 서 있는 사내
마주친 눈길 친근함에
출근길 발걸음에 힘을 싣는다

늘 푸를 듯한 그도 갈바람에 남루 갈아입으니
붉음은 서촌 북촌 골짜기를 타고
광화문 빌딩 숲을 돌아
울긋불긋 메아리로 답하는데

변화무쌍했던 세월
한 자리 지켜온 저 뚝심 좋은 사내 얼굴
빨갛게 달아오른다

숨 막히는 푸른 날

쉼 없이 달려온 계절
영혼의 쉼터에
연둣빛 풀어 헤쳐
초록의 교향악 울려 퍼지니

부드러운 바람에 실려 오는
맑고 순한 신록 호흡하며
영혼 내려다보니 내 푸른 청춘 닮은
심장의 꿈틀거림 보았다

풀냄새 물씬 담긴
오월 술은 익어가고
밝고 눈부신 햇살 내려앉은 들판에
정열의 불꽃 피워내며

풋풋한 사랑이 넘치는 계절
꽃이 바람 따라간다고 해도
나 체념하리
숨 막히는 푸른 날이 넘치니

은방울꽃

산골짜기 수녀원 종탑
조그마한 종은 하얀 모시 고깔 쓰고
갸우뚱한 모습이다

맑고 청아한 종소리 울리면
온 세상 고요히
영롱함이 더하고

흠모하는 성모마리아
살포시 꺼내어 나누어주는 향기에
행복이 조랑조랑 달렸는데

성스러움 가득 머금고
고개 숙여 무얼 고민하는지

*은방울꽃 : 성모마리아 꽃

폭염도 잠시

염장 지르며
기고만장한 기세에 누구도 말리지 못해
우두커니 바라만 보았네

남쪽 열대 큰바람이 밀어붙이고
만만치 않은 북쪽 툰드라의 맞바람에도
꼬리 내리지 않고 기세등등한데

찜통 속 풀꽃은
구겨져 힘 빠진 모시처럼 늘어지고
누렁이 황소도 바둑이도 땅에 엎드려
저자세다

배시시 비웃듯 작열한 하루 해
뉘엿뉘엿 서산으로 넘어갈 때
하루살이 기진맥진하며 왕왕 아우성치지만

고요한 바람 한 줄기도 잠시뿐
맺혔던 땀방울 하얗게 피어나고 무더워도
밀고 당기는 바람
방향은 알 수 없는 일

연(鳶)의 꿈

탯줄과 연결되어
하늘로 날아가려는 나의 힘과
땅에서 잡아당기는 너의 힘 싸움은
언제나 팽팽하지만
새처럼 비상하는 꿈꾸었는데

바람 부는 날
얼레 바삐 돌아가는 소리에
쏜살같이 하늘 높이 날아올라
흔들흔들 마음껏 춤추며
발아래 세상 희롱 해 보았다

어느 날
얄궂은 바람 심술로 줄이 끊어져
추락해 눈 떠보니 나뭇가지에 얽혀져 있었다
벗어나려는 몸부림에
만신창이 되어버린 서글픈 어릿광대

언제나

나는 꿈을 꾼다
자유롭게 더 높게 더 멀리 우주로 날아올라
빈 하늘 온통 내 것이 되는.

맥문동

8월 아침 매미소리 요란한
소나무 아래
뽀글뽀글 파마머리 한 여인들
다소곳이 그늘에 모여 있다

밤이슬 내려앉아
영롱해진 낮 빛 바람이 스치자
보라 빛 향기 뿜으며
햇살에 눈이 부신다

가을날 총총히 익은 흑진주 생각에
목을 길게 내밀고
부풀어 가는 꿈
땅 속 뿌리에도 주렁주렁 매달며

빛과 바람의 정기 받아
휘어진 잎새랑 마음 다스리며
나무 그늘에 앉아 묵언 수행하고 있는
곧은 여인들

눅눅하다

수마의 아픔이 남겨진 아침 신문
마음이 축축하다

금방이라도 비가 쏟을 듯
흐리고 우중충해지는 하늘
장엄한 오케스트라의 서막을 준비하며
비의 운명을 그린다

장맛비로 풀벌레 파업 한 듯
일제히 소리가 멈추었고
축축한 나뭇가지에 붙어 숨죽인 매미
기다림에 지쳐 울음이 멈추었다

나무로 둘려 쌓여 어둑한 아파트 산책로
검푸른 이끼와 어여쁜 버섯들이 여기저기
제 세상 만난 듯 피어난다

눈에 보이지 않는 미생물의 꿈틀거림
비가 내려야 목숨이 보존되는 미물이
그려내는 한 폭의 우중 평풍
눅눅한 세상 위안이 되는

다시 설렘

여인은
장맛비에 속을 태웠는지
비 그치자 살며시 내민 창백한 얼굴
청초함이 묻어난다

무더워질수록
아름다워지며 빛을 내뿜는 아우라
뭇 사람
유혹의 눈길이 쏟아지고

무슨 인연이라
물과 몸을 섞어가며
오염된 물 부여잡고
물마루에 홀로 올라섰는지

고요한 허공에 기댄 얼굴
소나기도 스쳐 지나갈 뿐
바람 파동에 꿈쩍 않는
도도한 냉미녀

소금꽃

솔솔바람 타고
뭍에서 밀려온 꽃향기 매력에
물머리에 다가서면
꽃이 되고 싶었던 바닷물

수차가 다가와
꽃이 될 수 있다는 유혹으로 따라나섰는데
넓은 밭에 패대기치더니
풍차에 몸을 싣고 돌아가는 신세 되었다

밤낮으로 바람에 휩쓸리고
뙤약볕으로 빨려들어 간
고통스러운 나날

바다가 그리워
신열 속 자신을 내려놓자
온몸 감싸는 하얀 꽃이 피고 있었다

물 위 흰꽃 무덤에
인고의 소금꽃이

백일 간 사랑할까

그늘이 넉넉한 배롱나무
꽃 아래에 앉았더니
마음이 간지러운데

바람이 간지럼 태울 때마다
가지 끝자락 꽃이
내 뒤통수를 쳐서 뒤돌아보면
깊은 생각에 잠겨 있는 듯

화사한 꽃그늘에
감추어진 뒷모습
붉은 뜨거움 홀로 토하느라
몸뚱이는 수피를 벗어 드러낸
하얀 살갗 색정이 묻어나

뜨거운 내 손이
미끈한 가지에 닿자 바르르 떠는데
올여름
열애를 목청껏 부르며
살갗이 타도록 태우고 태우며
백일만 사랑하잔다

초여름의 변(變)

한 집 두 집 비어 가더니
드디어 모두 떠나고 한 집만
남았다는 소식에 화들짝
그루터기가 뿌리채 흔들린다

빈집 지키던 감나무 무심히
감꽃 피우고 어리둥절하다
나무에 매달린 무수한 이야기도

SNS에는 거대한 공룡이
곧 닥친다며 잡식이라
마구잡이 먹어 치울 거라고
환호성이다

낙원 찾아 떠났던 공룡
그들 소식에 지상 낙원은 폐허 속
억 억 거리며 통곡하고
여름은 먼발치에 서성이고

아리수의 꿈

가을 햇살
물 위로 내려와
청청한 하늘 안고
울긋불긋 내게로 다가오면

바이러스와 도시 생활로
지친 이 위로하며
지난여름 풍파로 어수선했던 기억
물길 따라 깨끗이 흘려보내겠어요

청명을 안은 내 몸뚱이 가늠할 수 없겠지만
가을꽃 춤추는 강변으로 다가가
뒹구는 낙엽 철새랑 일렁이며
그대 마음에 안식을 드리겠어요

굽이굽이 물결 따라 흐르다가
서녘 강가 붉게 물들면
천인의 얼굴에도 꿈이 피어나기를
노을의 따사로움으로

*아리수 : 한강의 옛 이름

고추잠자리

장마가 떠나자 말쑥해진 하늘
점점 파란 눈을 뜨며
내려앉은 구름을 다스린다

코스모스 한들한들
하늘 향해 속이 훤한 몸으로 유혹하니
가을 전령사
비단 같은 날개에 십자가를 지고
정령처럼 나타나 빙글빙글 맴돈다

어지러워 바람에 한들거리는 코스모스
잠자리 다가가 입맞춤하고
푸른 하늘 높이 솟구쳐
가을을 불러들이는데

날렵한 몸짓 힘찬 모습
운명의 십자가 등에 지고
저토록 가벼이 날아오르는
내 삶의 십자가도 날개가 있다면

가을 속으로

누렇게 빛바랜 전투복 입은
패잔병 모습으로
나뒹구는 잎새는 힘없이
길 위에 쓰러졌다

봄 여름 긴 여정
전장에서 살아남기 위해 몸부림치며
긴장과 초조 욕망과 싸우다가
갈바람 농간에 내려놓았다

가지 끝에 앉아
억세게 비바람 물리치고
농염한 불볕에 맞섰던 전투는 끝났지만
허허로움에 발견한
부끄러웠던 지난날

갈잎은 외계의 생명체같이
갑자기 등 떠밀려 넘어갔다
고요한 가을 속으로
차분히 영혼을 맡기고 싶은
새로운 우주로

황국의 독백

금빛 황홀하게
피어난 고운 자태
파란 하늘도 시샘 하더니

조석으로 와 닿는
싸늘한 갈바람에
샛노랑 청초한 모습은
누렇게 타들어 갔다

꽃다운 면모
기울어져 향기도 떠나가고
눈길과 관심이 멀어져 번민했지만

바람이 시린 날
그윽한 향기 그리움되어
뭇 사람 입가에
다시 피어나리라

4부

구세군 빨간 냄비 열기가 피어나던 저녁

서리꽃 필 때

고요한 아침
사방에 서리꽃이 피었네
밤새 다녀간 동장군이 꽃을 새겼는지

고고한 자태
하얀 차디찬 모습으로
새하얗게 천지를 덮었다
바람이 불까
햇살 그림자에 시들까

머리에 하얀 서리가 내렸다고
하시던 어머니
서리서리 기억이 떠나갔다

인고의 세월 견디어
다시 피어난 서리꽃 따라
기억도 다시 돌아올 수 있을까
시린 슬픔 버리고

첫눈

나부끼며 아우성이다
덩달아 부푼 마음
설렘으로 다가와

여기저기 두드려
잠든 마음 깨우며
누구는 아름다운 추억으로
누구는 아픈 기억으로 소환한다

눈이 겹겹이 쌓인 길을 뚫고
학교 가던 소녀
신발이 눈 속에 파묻혀
찾아 헤매던

더듬어 과거로 돌아가 보지만
떠나간 버스처럼
달랑달랑 몇몇 기억
소멸해 가는 눈 닮아 가는지
추억도 기억도 눈 속에 파묻혔는지

〈
하얀 눈송이
어깨 위 앉으며
토닥토닥

대나무 숲

어둠이 내리면 대나무 마디에는
하나둘 불이 켜지고
대나무 숲에 사는 사람들은
하나같이 마디로 들어갑니다

옹이와 옹이 사이 차지한 보금자리
날마다 사랑과 행복 가꾸며
마디 삶 소망 엮어 가지에 매달아

한 칸, 여러 칸 소유하고자
탐욕 괴물 음모로 싸우기도 하지만
아침이면 숲을 떠나 옹이 진 삶 현장에서
새로운 옹이를 만나고
그렇게 그렇게 이어 가지요

대나무는 하늘만 쳐다보며
높이높이 올라 가려하여
대숲에는 바람이 일렁입니다
때로는 차가운 바람이 붑니다

광화문의 겨울
-새날을 기다려

밤새 누군가
북악산에 은빛으로 수를 놓고
광장에 하얀 그리움을 피워놓았다

순백이 쌓인 날
풍경 뒤로 기다리는 새날의 그림자
걸음걸음 남겨진 자국이
가까워 질 때

겨울바람 안으며
짧아지는 낮 길이만큼
보폭은 좁아져도
외고집스러이 굳건했다

벌거벗은 가로수에 봄이 있어
나이테를 그리듯
꽁꽁 언 나의 마음
새날이 있어 훈훈했지

구세군 빨간 냄비 열기가 피어나던 저녁에

성에꽃

먹잇감을 찾아 헤매는
짐승처럼 겨울바람 따라
밤길 헤매며
인연 닿을 곳 찾아 나섰다

따스한 온기와
적당한 습도가 있는
어느 집 유리창에 살포시 내려앉아
찬바람과 속삭이며
아름답고 화려하게
밤새 사랑으로 꽃 피웠으나

만질 수도
소유도 허락지 않아
온기도 나눌 수 없는
서러운 운명 차디찬 꽃

잠시 머물다
인연 다하는 날 눈 앞에서
사라지는 비련한 꽃
그리움만 남기는

해탈

골짜기에서 떠내려와
길 옆 뿌리내렸지만
지나가는 길손에게 걸림돌 된 신세라
어서어서 어디론가 가고 싶었다

멋지고 근육진 모습으로
사랑받을 꿈꾸던 어느 날
큰물에 떠밀려
낯선 개울 돌무덤에 걸렸는데

물결에 씻기며
굴러 굴러 깨지고 깎이는
모진 세월 인내하여
초연하게 새로 태어났다

지나가는 길손에게 등 내밀어
징검돌 자처하며
번뇌와 고뇌가 소멸된
열반의 세계에 무릎 꿇고 있다

까치밥

가지 끝에 매달려
파란 하늘 등에 업고
고운 빛 물들수록
부끄러워 얼굴은 빨갛게 피어났습니다

익어 가며
내 속은 달콤한 향기로 채워지고
나날이 바라보는 눈과
찾아오는 새들로 외롭지 않았습니다

하얀 찬 서리 맞아
풍미는 부풀어도
온몸 애워 싸는 냉기와
바람에 흔들리는 유혹 견디었습니다

새 부리가 쪼아
내 몸이 만신창이 되어도
기꺼이 헌신하고
배려하는 마음 실천 하겠습니다

겨울숲

찬바람에 잎새를 버리더니
헐벗은 채 고난의 수행 길은
열반의 세계에서 점점 무아지경으로

청량한 새 소리
흐르는 시냇물 소리
숲을 헤치며 고요를 깨워도 미동이 없다

헤집고 들어오는 햇살 한 줄기
숲을 정화해 보지만 무표정 응답뿐
냉기만 흐른다

바람이 흔들어도 취기 오른 숲은
일제히 동면 마술에 빠져들어
꿈속 먼 계절로

봉선화 물들이며

하얀 눈이 내렸는데
첫사랑이 이루어지겠지
아직 손톱에 남은 연붉은 물
봉선화로 손톱 물들여
소원 빌던 아련한 추억

섣달그믐이 지나도록 가냘프게 남은
봉선화 물든 손 펴 바라보며 한숨짓던 모습
울엄마 소원이 있었을까
굵은 마디 주굴주굴 골진 손등
이제는 어렴풋이 알 것 같습니다

봉선화 물이 지워질수록
무심한 세월은 쌓여가고
섣달 허전함에
한가닥 희망
새해에 매달아

여름 정원에
봉선화가 또 피어나겠지

겨울 한가운데에서

소한과 대한 사이
동장군은 터를 잡고 눌러앉아
강물도 바다도 꽁꽁 얼려
기세를 눌렀었지

웬일일까
동장군이 노쇠하여 안식 취하는지
기다리는 눈은 언제 오려나
손이 꽁꽁 발도 꽁꽁하지 않았는데

앙상한 나무
수행하며 하늘만 바라보지만
짓궂게 바스락거리는 낙엽 소리
경계를 허물어도 메아리는 오지 않고

어둠이 내려앉은 퇴근길
섣달 냉기에 빛 잃은 보름달과
떨고 있는 수줍은 별이 속삭이네
머지않아 나무 발밑이 간지러울 거라고

시상을 낚다

섣달 새벽 어둠 속
세상강에 나가 보지만
밤새 비워 백지가 된 머릿속
눈앞에 보이는 게 없다

뉴스에 쏟아져 나오는 세상 이야기
여기저기 기웃기웃
귀를 기울이며 간 보지만
감흥이 오지 않는다

서서히 어둠이 걷히고
활성화되어 깨어나는 감성
꿈틀꿈틀 사물이 춤추며 날아다녀
낚싯대 던져본다

얼음땡 되어 하늘강 응시하니
흘러가는 구름이 시비를 걸어왔다
오호 너구나
낚싯찌가 꿈틀댄다

홍매화의 고백

은은한 향기 담고자
노심초사 뜬눈으로 뒤척이다
하얀 밤 지새우며
아침이 오길 기다렸습니다

첫 생리 같은 진통 앓이 끝
바람결에 멍울이 터졌습니다
아직 부끄러워 발그레한
수줍은 모습이지만

엄동설한
시샘하는 한파
고통과 아픔 인내하며
기품 있는 자태 지켜나가겠습니다

고결한 마음으로 피어난
절개 있는 사랑으로
군자 의리 향기 담아 계절 넘어
봄 사랑 피우고 싶습니다

잘 어우러져야

알록달록 눈이 즐겁게
갖은 재료 정성껏 넣어 보니
입이 말합니다
입속이 즐거워야 한다고

매일매일
일상은 쳇바퀴 같지만
새로운 고명과 양념이 어우러져
펼쳐진 나날이지요

눈이 즐겁게 입이 즐겁게
모두 눈치 보며
꾸밈없이 산다는
경계가 어디인지

아침을 열면 언제나 오감에 맞추려
새롭게 꾸며 보지만
때로는 하루 끝에 만나는
뒤죽박죽 쓴맛 비빔밥

〈
손맛이 희망을 건넵니다
내일은 새콤달콤 아니 고소 할 거야

꽃샘잎샘

아리따운 봄 전령사
홍매화 바람꽃 복수초
꽃샘 받았는지
잠에서 깨어난 동장군
저기압 전선에서 폭설로 맞서

창밖 먼 산
은빛 비단산으로 곱게 수 놓으며
겨울은
못내 아쉬움에
함박 눈물 쏟지만

잎샘에도 아랑곳없이
피어난 눈 덮인 새싹 눈
심술궂은 눈바람이 몰아쳐도
의연함 지켜

머뭇거리며
밀고 당기는 겨울골

기다리는 봄 처녀
세월 강 건너에
꽃눈이 기다리는데

겸손해야 너를 접한다

허공에 공그리기 하며
다소곳하게 이쪽저쪽 날 세운 이파리
헤쳐 피어오른
가냘픈 여인 닮은 꽃대

꽃잎이 눈을 뜨자
서로 마주 보며
안길 듯 반기며
가슴에 품은 사랑 속삭이네

비옥한 토양이 아닌
열악한 돌 틈에 뿌리 내리며
비장한 마음으로 향기 품은 한란寒蘭
기품 있는 귀부인 닮은 자태 고결하다

쉽게 내어주지 않아
겸손한 마음으로
가까이 다가가 고개 숙여 하례하고
너의 향기 꺼내어본다
고혹한 향기 군자 꽃

■□ 해설

시대와 자연주의를 증언하는 애상적 리얼리즘

이어산(시인, 문학평론가)

생략과 함축으로 이루어진 시는 소설에 비해 비논리적이다. 우리가 살아가면서 겪는 슬픔과 기쁨, 그리움이나 분노, 사랑과 연민의 감정들을 그대로 드러내면 그것은 막말이 된다. 본성대로 움직이는 동물과 달리 사람이란 감정을 제어하는 인격이 있다. 인격은 사람의 품격이다. 특히 시인은 시(詩)라는 저마다의 크고 작은 여과장치를 통하여 막말들을 순화 시키고 심미안적으로 가공하여 독자에게 보여주기 위해 고뇌하는 사람이다. 왜 힘들여서 그런 것을 보여주려고 하는가? 그것은 고립감 때문이다. 인간은 누군가와 소통하며 살아가려는 사회적 존재다. 자신의 내면에서 일어나는 많은 정염을 속으로만 삭힌다면 울화병이 되고 정신적인 문제가 생긴다. 고립된 삶처럼 힘겨운 것이 어디 있으랴. 시인은 그 고립감을 이겨내는 방법으로 시를 쓰는 것인지도 모른다. 보통사람과는 달리 하고 싶은 말을 숨겨놓고 돌려서 말하는 사람이다. 그러므로 시의 묘미는 드러난 말보다 감춰진 말의 울림이 클 때 더욱 공감되는 문학이기도 하다.

이둘임 시인의 첫 시집 『광화문의 아리아』에도 그가 하고 싶은 많은 말들을 숨겨놓고 있다. 그의 시편들은 어렵지 않게 해석되지만 그 진술은 결코 가볍지 않다.

  바람이 불면
  사막 광장에는
  고비에서
  사하라에서
  삼삼오오 낙타가 모여드는데

  먼 길 오느라
  목마른 낙타
  물을 달라
  오아시스 찾아 달라
  황량한 사막으로 다시 가지 않겠다며 외친다

  때로는
  광장 바람이 길을 잃어

낙타들은 우왕좌왕하며
회오리바람이 불까
경계하는데

풍향이 바뀌어도
바람 방패막이 자처하며
찾아오는 낙타들
변덕이는 바람
멈추지 않아
사막 광장은 만원이다

- 「광화문 광장에서」 전문

   시인은 광화문에 있는 주한 미국대사관에서 34년 2개월간 근무했다. 그의 일평생에서 가장 중요한 시간을 바친 직장의 앞마당이라고도 할 수 있는 광화문광장은 삶의 일부분이었을 것이다. 그곳은 우리나라 근현대사를 증언하는 곳이다. 그런 광화문 광장이 때로는 사하라사막 같기도 하고 때로는 오아시스를 갈망하며 모여드는 낙타들의 공간으로 각인될 법도 하다. 풍향에 따라 목마른 낙타들이 울부짖는 소리가 다르게 들렸고 바람도 길을 잃거나 변덕이 심하다고 한다. 변덕스럽고 목마른 광화문이다. 마치 김지하의 "타는 목마름으로"가 연상되기도 한다. 80년대와는 비교할 수 없을 만큼 민주화되었다는 시대에 살면서 한 사람의 민주시민으로서의 존재론과 저항의식, 한국적 서정과 민중정감이 혼재되어 있는 광화문 현상을 다면적으로 재해석한 역사의식은 그 선이 복잡하지 않으면서도 굵다. 봄과 여름, 가을과 겨울들을 겪으면서 어쩌면 누구보다 많은 역사의 현장을 목격했을 이둘임 시인 덕분에 필자는 비로소 광화문 광장을 제대로 답사하는 호사를 누려본다.

> 별을 찾아 떠났던 그들
> 블랙홀 역 대합실에서 행성을 이탈하고
> 배회하는 오래된 늙은 낙타를 만나
> 집시가 되더니
>
> 지친 마음 내려놓고
> 다시는 사막으로 가지 않겠다고
> 다짐한 듯
> 멀리 사막에 두고 온 가족 따윈
> 접은 지 오래인 듯하다
>
> 바람이 지나는

서울역 환승 주차장
　　　긴 의자에 누워있는 낙타
　　　환승객 미간이 찡그려질 뿐
　　　체면은 오래된 사치라
　　　세상 편한 모습으로

　　　이 밤도 어느 행성
　　　보이지 않는 별 찾는 꿈꾸고 있는지

　　　　-「집시가 된 낙타」부분

　이 시에서 드러나는 애상적 상황은 시대를 증언하는 리얼리즘이다. 그의 시에서 반복되는 또 하나의 전형성은 '절망감'이다. 지금이 절망의 시대인가? 아니다. 광포한 역사주의 시대를 지나 온 그간의 시간을 부정하는 것이 아니라 모순명제라고도 할 수 있는 현실과 이상의 괴리에서 오는 허무감을 극복하고 희망을 노래하고자 하는 그의 노력인 것이다.
　블랙홀 같은 줄서기에서 빠져나오지 못했던 결과로 "행성을 이탈하고/배회하는 오래된 늙은 낙타"에 대한 안타까운 마음도 있지만 자기와 우리를 구원할 수 있는 효과적인 길이 무엇인지를 광화문 현상에서 찾고 있다.

밤새 누군가
북악산에 은빛으로 수를 놓고
광장에 하얀 그리움을 피워놓았다

(중략)

벌거벗은 가로수에 봄이 있어
나이테를 그리듯
꽁꽁 언 나의 마음
새날이 있어 훈훈했지

구세군 빨간 냄비 열기가 피어나던 저녁에

– 「광화문의 겨울 –새날을 기다려」 부분

　위 예시의 결론이 따뜻하다. 이 땅은 다시 정치적인 대립과 갈등으로 나눠지고 있는 것 같지만 "구세군의 빨간 냄비"로 상징되는 우리네 보통사람들의 어진 마음이 있는 한 "벌거벗은 가로수에 봄이"오듯 겨울이 지나가고 반드시 오고야 마는 그것에 시인은 눈길이 머물고 있다. 이둘임 시인의 성향이 드러나기도 하는데 보수적이거나 진보적인 이념지향적거나 정치적인 메시지가 아니라 보통의 시민들이 저마다 갖는 호불호의 감정이기도 하다. 폭력적인 목소리를 내는 대신 화해와 순응을 통한 새날을 기다리는 마음으로 비폭력적 의사를 표시하는 광장민주주의, 지향하는 바가 각기 다를 수는 있지만 서로 다른 음색을 내는 오케스트라의 여러 악기들의 화음처럼 아름답고 당당하지 않는가? 우리민족의 바탕에 흐르고 있는 순결하고 고귀한 투쟁방법이기도 하다. 여기에서 필자의 관심은 이 이야기들의 '시적 기능'이다. 소통 부재의 겨울, 마음이 꽁꽁얼 정도로 춥지마는 희망이 있기에 견딘다는 이 단순 명료한 메시지의 진폭이 크다.

이둘임 시인의 시 전반부에서 발견되는 근원적 물음, 즉 자유에 도달하고자하는 열망은 벨그송(H. Bergson)의 말처럼 "참된 생이란 물질을 거슬러 올라 정신의 자유에 도달하려는 영원한 노력"이라는 의미실천의 다른 방법으로 읽혀졌다. 그것은 투철한 역사의식이 아니라 나라와 자유와 사람을 사랑하겠다는 애국심의 발로다. 그의 직장분위기가 자연스럽게 그런 마음을 갖도록 했을 것이다.

이제 그의 시를 따라 한국인의 보편적 정통적 정조인 가족애, 특히 이 땅의 수많은 어머니상과 같은 "어머니의 밥타령"을 통하여 인간조건으로서의 아가페적 사랑에 대한 것과 인간존재론으로서의 자연사랑으로 관심을 옮겨간다.

    하얀 밥 꽃이 필 때면
    어머니
    그립습니다
    밥은 당신 마음이었지요

    사람은 밥값 해야 한다 하신 어머니
    타지로 가는 저희에게
    밥 잘 챙겨 먹으라시며 눈물 훔치시며
    연약한 동생에게
    작아도 밥그릇 큰 사람이 되라고
    다독이셨지요

    밥벌이가 실해져
    밥을 나눌 때면 마음 주고받은 밥이라
    밥심이 뚝심이 되고
    햇볕이 되었습니다

    따스한 봄날 밥 꽃 나부끼는

가로수 길에
어머니 밥 타령이 들어옵니다
밥은 먹고 지내냐

– 「어머니의 밥 타령」 전문

우리의 생명이 있게 하고 그 존귀한 생명을 이어가게 하는 근원은 무엇인가? 바로 '어머니와 밥'이다. 어머니의 육신을 빌려서 이 땅에 태어났지만 우리를 자라게 한 것은 '무조건적 사랑'이다. 사랑은 모든 생명의 근원이자 원동력이다. 어머니들은 그 사랑을 자식들을 잘 먹이는데서 실현한다. "밥은 당신의 마음"이다. "밥 잘 챙겨 먹어라"는 어머니의 말 속에는 모든 사랑의 결정체가 녹아 있다. 가히 '사랑의 철학'이라고 할 수 있는 말 "밥은 먹고 지내냐" 그 그리운 목소리를 들으면 누구나 울컥해지는 마음이다. 그렇지만 우리는 그 사랑을 잊어버릴 때가 많다. 사실은 가장 형이상학적 깨달음을 담고 있는 말인데도 너무나 쉽게 흘려듣는 그 말, 현대인을 향한 존재론적 외침으로 새겨들을 필요가 있다.

고요한 아침
사방에 서리꽃이 피었네

밤새 다녀간 동장군이 꽃을 새겼는지

고고한 자태
하얀 차디찬 모습으로
새하얗게 천지를 덮었다
바람이 불까
햇살 그림자에 시들까

머리에 하얀 서리가 내렸다고
하시던 어머니
서리서리 기억이 떠나갔다

인고의 세월 견디어
다시 피어난 서리꽃 따라
기억도 다시 돌아올 수 있을까
시린 슬픔 버리고

−「서리꽃 필 때」

    시인은 서리가 내린 아침에서 "서리꽃"을 통해 다시 아련한 기억을 소환하고 있다. 익숙한 서정이지만 우리 모두의 공간이기도 하다. 서정과 사랑의 정감이야말로 한국

전통시의 두 뿌리에 해당한다. 유행가를 수준 낮은 음악으로 낮춰 말하는 사람들이 있지만 그 익숙한 가락이 누구에겐 큰 위로가 되었듯이 우리의 정감에는 난해하고 머리를 싸매고 읽어야할 시 보다는 서정적인 시가 훨씬 많은 사람에게 위로를 줄 것이다. 시의 외연확장을 위해서는 실험적이거나 아방가르드의 시도 필요하지만 이것이 시의 본류인양 중심이 되어서는 시를 죽게 만드는 일이다. 한국의 시가 망한다면 그런 시들 때문일지도 모른다. 그래서 서정의 깃발을 다시 세우자는 운동이 일어나고 있는데 반가운 일이다.

이둘임 시인의 시는 서정성에 뿌리를 두고 있다.

> 은은한 향기 담고자
> 노심초사 뜬눈으로 뒤척이다
> 하얀 밤 지새우며
> 아침이 오길 기다렸습니다
>
> 첫 생리 같은 진통 앓이 끝
> 바람결에 멍울이 터졌습니다
> 아직 부끄러워 발그레한
> 수줍은 모습이지만

엄동설한

시샘하는 한파

고통과 아픔 인내하며

기품 있는 자태 지켜나가겠습니다

고결한 마음으로 피어난

절개 있는 사랑으로

군자 의리 향기 담아 계절 넘어

봄 사랑 피우고 싶습니다

— 「홍매화의 고백」

   이둘임 시인의 고백을 홍매화에 숨겨 놓았다. 아직은 "엄동설한"이지만 기품 있는 자태를 지켜나가겠다는 고백이 그에게서 느껴지는 분위기와 맞아 떨어진다. "봄 사랑 피우고" 싶다는 그 바람은 시적 성취와도 연결 된다. 그리고 그의 시세계를 깊이 들여다보면 현실과 인생의 허무를 노래하면서도 올바른 사회의식이나 역사의식의 지평으로 확대되어가고 있음을 발견하게 된다. 인생에 대한 외로움을 표상하기도 하고 인간의 본성에 관해 통찰과 속 깊은 탄식이 있지만 그의 문학을 관류하는 화두이자 마지막 도달점은 현재진행형이다. 절망과 슬픔, 아픔을 보다 뜨거운 사랑과 인내로써 감싸 안고 자유로운 세계로의 삶을 염원하며 고양시키려는 정신적 암투를 더욱 치열하게 해 나가리라 본다. 그가 펼쳐갈 시업도정의 발전과 영광을 빌며 첫 시집 상재에 큰 박수를 보내는 바이다.